GASTON DUBREUILH

L'Ecole du Dilettante

PARIS

BIBLIOTHÈQUE ARTISTIQUE ET LITTÉRAIRE

31, rue Bonaparte, 31

1895

L'Ecole du Dilettante

GASTON DUBREUILH

L'Ecole du Dilettante

PARIS

BIBLIOTHÈQUE ARTISTIQUE ET LITTÉRAIRE

31, rue Bonaparte, 31

1895

Les querelles d'Ecoles. — L'Education d'oreille. — Le Goût musical.

COMME tous les courants d'idées ou de sentiments, le goût musical est soumis à la loi de réaction. Les musiciens dévoués à l'idéal de la nouvelle Ecole, après s'être heurtés contre les théories routinières, contre l'inintelligence et le mauvais vouloir, finirent par triompher, et, comme il fallait s'y attendre, ils abusèrent de la victoire.

Non contents de dresser sur son piédestal la statue du dieu Wagner, ils renversèrent les anciennes idoles : Boieldieu, Hérold, Meyerbeer, Rossini, Donizetti, Verdi, etc.

La réaction victorieuse déjà poursuit sa route et nous nous demandons si d'excessifs dilettanti de demain n'iront pas jusqu'à refuser à Wagner lui-même toute espèce de génie.

Toutefois ils ne seront guère suivis dans cette voie ; les querelles d'Ecoles et de systèmes, s'apaiseront ; on comprendra qu'une statue nouvelle peut être élevée sans qu'il soit nécessaire pour cela de renverser les anciennes ; et des opéras que l'on tient aujourd'hui pour vieillis et démodés, tels que *La Dame blanche* et le *Pré aux Clercs*, retrouveront un accueil plus favorable auprès d'un public mieux préparé peut-être qu'autrefois à en comprendre les réelles beautés, quand il voudra bien les écouter avec attention et sans parti-pris.

D'ailleurs, la plupart des questions musicales tant agitées aujourd'hui et qui séparent si nettement les musiciens en Wagnériens et Antiwagnériens, par exemple, nous semblent bien rarement présentées avec la clarté et la précision qui pourraient éviter les malentendus et les discussions stériles.

Ainsi le procès que les partisans trop exclusifs de la nouvelle Ecole font aux opéras italiens, auxquels ils reprochent la coupe en morceaux détachés et les ensembles à l'unisson ne nous parait guère justifié. Les quelques airs qui pourraient expliquer ces récriminations ne sont le plus souvent que le petit côté de l'opéra, des hors-d'œuvre concédés au goût du public, et parfois d'autant plus regrettables que les dilettanti eux-mêmes y croient voir toute l'esthétique de ces partitions qu'ils ne se donnent même plus la peine d'écouter, s'imaginant de parti-pris que l'œuvre entière est conçue dans cette forme. Le *Barbier de Séville*, par exemple, d'une contexture si éminemment italienne, à part quelques airs détachés (sérénades et cavatines) et que d'ailleurs la situation justifie parfaitement, nous parait satisfaire à toutes les exigences de la vraisemblance scénique. Quoi de mieux agencé, de plus naturellement déclamé que le duo du 1er acte : *Il faut alors vous déguiser ?* Non seulement les lignes vocales y sont d'une rare justesse d'expression, mais la facture n'y est jamais complètement indépendante de l'action. Parfois la voix tient un dessin plus nettement accusé, plus précis dans sa forme mélodique, mais souvent aussi c'est à l'orchestre qu'est confiée la ligne principale, et les divers motifs et récits s'enchevêtrent dans un ensemble où la partie instrumentale est parfois prépondérante, contrairement à l'opinion de ceux qui s'obstinent à considérer

l'orchestre italien comme une grosse guitare
accompagnante.

Quant aux ensembles auxquels on a reproché
l'expression des sentiments différents chantés
sur le même air, rien ne nous parait moins
exact : témoin le trio de *Guillaume Tell*, le
sextuor de *Lucie*, etc., et notamment le quatuor de *Rigoletto* où les personnages animés
de sentiments différents chantent des mélodies
essentiellement différentes de rythme, d'intonations et de caractère, et d'une si grande vérité d'accent, tout en formant ce merveilleux
contrepoint dont l'effet d'ensemble est lui-même
si expressif et si dramatique.

Mais enfin ce sont là des questions d'Ecoles
fort difficiles à résoudre dès à présent et qui
n'ont en réalité qu'une influence relativement
faible sur l'évolution actuelle du goût musical ;
il existe à notre avis un indice de dépérissement
de l'art bien autrement digne de préoccuper
aujourd'hui les esthéticiens.

Si l'on jette un regard d'ensemble sur les
mouvements de l'opinion musicale pendant ces
dernières années, il est difficile de ne pas constater sa direction précise et rapide vers l'insou-
ciance et peut-être même vers l'oubli le plus

absolu des caractéristiques essentielles de l'art, des conditions premières de la beauté d'une œuvre : la grâce et la distinction du style, qualités qui n'excluent ni l'intensité dramatique, ni la couleur, ni la fougue, qui seules révèlent une âme supérieure, élèvent l'expression jusqu'à ce domaine de rêve et de fantaisie qui est le patrimoine des grands maîtres, et sans lesquelles la musique ne saurait atteindre au sublime.

Cette orientation de l'art moderne influe non seulement sur le jugement des œuvres récentes, mais elle ne permet plus l'intelligence de certains chefs-d'œuvre, et notamment des partitions restées au répertoire de l'Opéra-Comique, dès lors confondues avec des opérettes adroitement écrites mais d'une écœurante vulgarité ; elle détourne de toute compréhension de cet art fort subtil et d'autant plus difficile à saisir dans son intégrale beauté qu'on croit en posséder tous les secrets à première audition, sans doute à cause de quelques motifs faciles à retenir et qui donnent l'illusion de la simplicité.

Pourtant, combien de dilettanti, soi-disant connaisseurs et déjà blasés sur ces partitions, n'en reconnaissent même pas les plus belles pages si l'on vient à supprimer les points de

repère, c'est-à-dire les deux ou trois ariettes,
qu'ils ont retenues ou cru retenir ; et quel n'est
pas leur étonnement de trouver dans ces œuvres toutes les qualités d'expression vraie, de
déclamation, de puissance dramatique, et même,
et surtout, d'habileté de facture, qu'ils croyaient
être l'apanage exclusif des nouveaux dieux ?

Or, à quoi tient cette fâcheuse orientation de
l'opinion musicale ? A des causes nombreuses,
et fort complexes sans doute, mais dont la principale nous paraît être la prépondérance toujours croissante des études purement techniques,
sur le développement du sentiment esthétique, sur l'éducation du goût musical ; prépondérance telle qu'un grand nombre de musiciens,
finissent par ne plus considérer dans une œuvre
que la lettre sans jamais s'inquiéter d'en comprendre l'esprit.

On s'explique aisément que de simples notions de solfège ne puissent à elles seules développer ni même éveiller le sens artistique, pas,
plus que les éléments du dessin qu'on enseigne
aux enfants dans les écoles ne suffisent à leur
faire aimer les œuvres d'art ni à leur former le
jugement. La plupart des élèves capables de
copier convenablement une académie n'éprou-

vent qu'une bien faible émotion devant les grands chefs-d'œuvre de la Peinture, parce qu'ils se bornent en général à des exercices techniques, alors qu'un petit nombre de visites au musée du Louvre, avec des observations sur la manière de regarder un tableau, sur les maîtres des différentes Ecoles, serait infiniment plus profitable à leur compréhension de la Peinture et du Dessin.

Et de même l'audition de quelques opéras au théâtre (ou simplement chantés au piano) aidée d'explications sommaires, nous semble de beaucoup préférable à l'étude élémentaire des bémols et des doubles-croches. Du moins ces exercices du goût et du sentiment musical remplaceraient-ils avantageusement les notions de technique pour tous ceux qui, ne se destinant pas à la carrière artistique, veulent simplement arriver à saisir les beautés des opéras ou des symphonies qu'ils auront occasion d'entendre.

Assurément les études techniques sont fort utiles, et le tort de beaucoup d'esthéticiens (ou prétendus tels) est d'ignorer les premiers éléments de l'art dont ils parlent, mais une éducation exclusivement technique ne peut former que des pédants qui condamneront une œuvre ou se prononceront en sa faveur avec toute la sûreté de l'ignorance.

D'ailleurs, pour apprécier les beautés d'un art, il n'est pas indispensable d'en connaître le métier, par exemple pour juger un tableau ou une mélodie il n'est point nécessaire d'être peintre ou professeur de composition ; mais ce qu'il faut absolument acquérir, c'est d'abord un juste sentiment de l'art, afin d'en percevoir le véritable sens et de ne pas se tromper du tout au tout sur l'esprit d'une œuvre ; afin de ne pas voir un effet de timbres là où le compositeur n'a cherché que l'expression des harmonies proprement dites ; ce qui nécessite des notions d'esthétique musicale au moins élémentaires ; et puis, et surtout, il faut acquérir cette sorte d'entrainement qu'on pourrait appeler l'éducation d'oreille ; car s'il n'est pas nécessaire de savoir le nom des différents accords, du moins faut-il être capable d'en saisir l'expression, ce qui ne s'acquiert qu'avec une très longue habitude d'écouter attentivement.

Et, en effet, beaucoup d'amateurs de musique, de dilettanti très sensibles au charme des timbres, des dessins mélodiques, des effets de sonorité, ne soupçonnent même pas qu'il y a toute une partie de l'art musical qui leur échappe, et peut-être la plus importante : l'harmonie (sans parler des enchevêtrements contrapuntiques, ni des détails de facture).

Si dans une phrase vous changez une note de la mélodie, ils s'en apercevront tout de suite, mais si vous remplacez un accord par un autre (juste bien entendu, mais différent) ils saisiront très rarement la différence d'effet et d'expression ainsi obtenue ; et cela, même avec des accords aussi distincts pour un musicien quelque peu sensible aux effets d'harmonie, que les sons de la flûte et du hautbois. Si donc une œuvre doit à l'harmonie sa plus grande part d'expression, elle ne produira qu'une très faible impression sur l'auditeur peu exercé qui dès lors la jugera très imparfaitement.

Il est reconnu que tous les élèves en composition musicale, en harmonie par exemple, même les mieux doués, ne perçoivent qu'avec difficulté, en commençant leurs études, la différence entre certains accords ; et plus tard, avec l'éducation, l'habitude, ces accords leur paraîtront tout à fait différents de caractère et d'expression.

Si donc l'un de ces accords est employé là où
tel autre devrait l'être pour les besoins de l'effet musical, l'élève en sera beaucoup plus
choqué qu'il ne l'eût été au début de ses
études. Et plus l'éducation musicale de l'élève
est avancée, plus il perçoit les diverses harmonies, plus ses impressions sont intenses, complètes et conformes à ce qu'a voulu le compositeur. D'ailleurs cette question de l'entraînement
en art n'est guère contestée, et pourtant personne ne semble en tenir compte, car il n'est
pas rare de rencontrer des gens n'ayant qu'une
éducation musicale tout à fait élémentaire (nous
ne parlons pas de connaissances techniques
mais de ce que nous avons appelé l'éducation
d'oreille) et qui ont la prétention, non pas
évidemment d'analyser, mais de percevoir les
effets musicaux et l'expression des accords,
aussi bien que les gens qui s'y sont exercés spécialement, avec méthode et pendant de longues
années.

Maintenant, il faut reconnaître que si tant de
gens paraissent n'avoir pas conscience de la
façon si incomplète dont ils *entendent* la musique, c'est la faute sans doute d'un grand nombre
de techniciens et de spécialistes qui, n'ayant n

sens artistique ni aucune intelligence de l'esprit.
de la musique, portent des jugements à tort et
à travers sur les œuvres musicales dont ils ne
voient que la lettre sans en avoir jamais compris le sentiment et font ainsi le plus grand tort
à l'opinion des musiciens qui sont à la fois.
techniciens et esthéticiens.

De là vient ce paradoxe malheureusement
pris au sérieux par beaucoup de gens et qui
consiste à refuser aux musiciens le droit de
parler musique et de juger ; il est vrai que certains compositeurs, partisans fanatiques et exclusifs de telle Ecole musicale, ne sont pas précisément faits pour détruire ce préjugé ; mais cet
exclusivisme permis et même quelquefois utile
devient évidemment fâcheux quand le compositeur s'occupe de critique musicale, et dans ce
cas il est facile de se mettre en garde contre
une opinion dont la bizarrerie ou l'exagération
éclatent à tous les yeux.

Dans la phrase si connue de *Richard Cœur
de Lion :* « ô Richard, ô mon roi, » sous le mot
roi se trouve un accord fort usité (qui constitue
un petit repos sur le 6me degré mineur) mais qui
donne à la phrase une expression de solennité
très à propos et qu'elle n'a évidemment plus si

l'on remplace cet accord par celui de tonique (d'ailleurs défectueux à d'autres égards). La mélodie par elle-même a bien le caractère qui convient à la situation et aux paroles, mais cet accord est sans contredit ce qui contribue le plus puissamment à l'heureuse expression de la phrase ; et certes si l'on supprimait tous les effets analogues dans les partitions des maîtres, remplaçant les accords à expression juste et intense par d'autres accords satisfaisant aux exigences de la technique, mais neutres, ces partitions perdraient plus de la moitié de leur valeur. Eh bien, maintes fois nous avons joué au piano, à des admirateurs de Grétry qui plus est, la dite phrase « O Richard,.. » avec l'accord de tonique au lieu du 6me degré mineur, et le plus souvent nous n'avons pas constaté le moindre étonnement, ni reçu la plus petite observation, et nous parlons, bien entendu, de circonstances où une remarque de ce genre devait nécessairement nous être faite si les auditeurs s'étaient aperçus du changement. Et si nous remplacions seulement une note dans la ligne mélodique (juste, naturellement, mais enfin inexacte) aussitôt on nous en faisait l'observation. Or si un effet aussi facile à saisir que

l'effet de ce 6me degré mineur dépasse la per-
ception moyenne des amateurs de musique, si,
malgré le nouvel accord incolore et même mauvais, ils continuent à admirer la phrase, à se
pâmer, alors que cette phrase n'a plus de caractère ou presque plus, c'est que l'harmonie, les
accords et les modulations sont lettre morte
pour la plupart des dilettanti mal exercés.

Alors que deviennent pour des amateurs si
peu connaisseurs les innombrables effets d'harmonie délicats et intenses qui constituent
les trois quarts de la valeur de presque tous
les grands chefs-d'œuvre ? Et, si pourtant
l'on rencontre parfois des musiciens qui n'ac-
cordent pas à l'harmonie la plus grande puissance d'expression, du moins il n'y en a
guère, pas un peut-être qui ne lui reconnaisse
une puissance d'expression égale à celle des
autres éléments.

Ainsi donc pour les auditeurs dont l'éduca-
cation n'est pas suffisante, il y a toute une partie de la composition musicale qui ne porte pas,
et si cette partie : l'expression harmonique, est
précisément la plus puissante ou même la seule
vraiment puissante dans telle œuvre musicale,
cette œuvre ne produira sur eux qu'une im-

pression très faible, parfois nulle, alors qu'elle renferme au contraire une force expressive très réelle et souvent intense.

Il est bien évident qu'une œuvre doit être intéressante aussi bien par la mélodie que par l'harmonie et les autres éléments, et que l'expression doit consister dans la fusion de ces divers éléments ; mais enfin, l'auditeur qui ne perçoit que les effets de mélodie et de timbre ne peut juger qu'imparfaitement et (si l'on accorde à la mélodie et à l'harmonie des puissances expressives égales) il donnera dans son jugement un coefficient relativement très élevé à la mélodie et un coefficient à peu près nul à l'harmonie (sans s'en rendre compte bien entendu) en sorte que l'œuvre la plus expressive, intégralement, risquera fort d'être jugée inférieure.

Il en est de même pour les auditeurs tout-à-fait étrangers aux choses de la musique et qui ne perçoivent la mélodie que lorsqu'elle prend un tour facile à la façon des *airs connus ;* ceux-là donneront évidemment la préférence aux œuvres qui renferment le plus d'airs faciles à retenir.

Harmonie — mélodie — instrumentation

AVANT d'aller plus loin, il ne nous parait
pas inutile de préciser autant que possible le sens des mots *Harmonie* et *Mélodie*, si souvent usités dans les conversations et
critiques musicales, et dont les différentes ac-
ceptions donnent lieu à de fréquents malentendus. L'harmonie n'étant pas seulement l'art
d'écrire correctement les accords mais aussi
l'art des modulations, il peut y avoir des modulations sans accords et des accords sans
modulations. Une simple ligne mélodique peut
en effet passer par plusieurs tonalités, ce qui
n'est pas rare dans la musique moderne surtout, et l'analyse des diverses tonalités qu'elle
parcourt est bien le fait d'un harmoniste.

Le musicien qui crée des mélodies modulan-
tes, comme le sublime *Songe d'Elsa* de *Lohen-
grin* par exemple, n'est pas un mélodiste à pro-

prement parler, pas au même titre du moins,
que l'auteur de mélodies tonales, dont les idées
mélodiques sont formulées avant la première
modulation qui vient seulement pour le développement de la phrase ou du morceau.

Le génie mélodique des uns émane *évidemment du génie de l'harmonie*, ils sont des har-
monistes bien plutôt que des mélodistes proprement dits ; les autres ont au contraire le génie
essentiellement mélodique ; seule acception
qui puisse justifier l'expression de Berlioz appe-
lant Rossini le « prince des mélodistes » et qui
fait dire à Fétis au sujet de la *Dame Blanche* où
il y a peu de modulations et de nombreuses
mélodies tonales, expressives en soi, que « rien
n'indique mieux la facilité d'invention *mélodique*. »

Une suite d'accords modulants appelle en
quelque sorte une suite de notes prédominan-
tes, une sorte d'esquisse mélodique, tandis que
pour trouver un dessin sur les accords de tonique et de dominante, il faut nécessairement
avoir le don de l'invention mélodique proprement dite (ce qui n'exclue point celui de l'harmonie) et offre au compositeur ce grand avan-
tage, qu'il lui permet de réserver les res-

sources de l'harmonie pour des effets d'autant plus puissants qu'ils auront été moins entendus, et aussi d'espacer suffisamment les modulations dont la fréquence et l'accumulation atténue l'effet.

Nous ne saurions approuver les définitions habituelles : *harmonie*, sons simultanés ; *mélodie*, sons successifs. Une œuvre peut renfermer un grand nombre de sons simultanés, d'accords, et ne révéler aucun génie harmonique : si ces accords appartiennent à une même tonalité, s'ils ne modulent pas, l'œuvre est outrageusement pauvre d'harmonie ; tandis qu'un simple chant, un dessin, succession de sons sans accords et sans aucun accompagnement, émane nécessairement du génie de l'harmonie s'il est modulant, comme l unisson de l'*Africaine* par exemple.

Toutefois, le musicien vraiment doué doit avoir le génie de la mélodie et de l'harmonie, car dans la conception d'une œuvre musicale, ces deux éléments ne font qu'un, et c'est précisément dans leur fusion que consiste la *musique*.

Enfin, beaucoup de gens croient avoir tout dit quand ils ont parlé de la mélodie et de l'instrumentation, et passent sous silence l'élément constitutif si important dans une œuvre musicale : le corps harmonique.

On se laisse facilement charmer par de très-habiles combinaisons d'instruments, effets d'orchestration qui s'adressent souvent à l'oreille seule par la séduction du timbre et ne constituent en somme qu'un art à côté, fait pour ceux que l'air du *Bon Tabac* sonné par cent trompettes entraînera tout aussi bien qu'un hymne merveilleusement lyrique exécuté au piano.

Le public est malheureusement gâté par les faiseurs d'enluminures qui l'entretiennent dans ses tendances les plus pernicieuses et lui faussent le goût.

Il ne faudrait pourtant pas confondre l'éclat parfois étincelant mais tout extérieur d'un feu d'artifice, avec ce que les peintres vraiment artistes entendent par *la couleur*.

Qu'un hautbois joue une pastorale, si la mélodie est réellement pastorale par elle-même, le timbre de l'instrument ajoutera *peut-être* à l'expression (question que nous traiterons plus tard), mais si un air de café-concert quelconque est confié au timbre du hautbois, pour donner le change et faire croire à une pastorale, cet artifice ne saurait duper le véritable artiste.

L'instrumentation qui est une.des ressources
de l'art ne doit pas servir à déguiser l'impuis-
sance de conception purement musicale ; Richard Wagner, qui est un des maîtres de l'instrumentation,est à la fois un grand harmoniste,
c'est-à-dire qu'abstraction faite de l'élément
timbre, la musique de Wagner reste éminemment expressive ; malheureusement bien d'autres passent pour des musiciens de génie qui ne
sont en réalité que d'habiles professeurs d'orchestration.

Comment il faut écouter

IL arrive souvent que les auditeurs cherchent dans la musique autre chose que ce qu'elle peut et veut exprimer, et qu'ils ne songent pas du tout à diriger leur attention sur la musique même, mais seulement sur des effets d'art-à-côté presque négligeables pour le connaisseur.

C'est ainsi qu'on écoute une mélodie (1) (piano et chant) (nous ne parlons pas d'une chanson facile, mais par exemple d'une mélodie de Schubert ou de Schumann) en concentrant toute l'attention sur le chanteur, sans se préoccuper de la partie de piano, qui a pourtant en général une très grande part dans l'expression

---

(1) *Mélodie* est pris ici dans son acception usuelle pour distinguer le *morceau de piano seul* du morceau de *piano et chant* (mélodie) : on dit couramment : « Composez-vous la *mélodie* ou le morceau de piano ? » Ici le mot *mélodie* perd donc tout sens technique et ne peut donner lieu aux malentendus dont nous avons parlé précédemment.

poétique de l'ensemble, car le charme de ces sortes de compositions résulte de la fusion de la ligne vocale avec les harmonies du piano.

Ce qu'on écoute en réalité, c'est tout simplement la voix du chanteur et peut-être aussi quelques ondulations mélodiques et inflexions de voix plus ou moins gracieuses ; aussi la mélodie chantée au concert par un chanteur dont la voix est souvent trop forte pour les harmonies du piano et sur laquelle se concentre forcément toute l'attention de l'auditoire, nous parait un contre-sens artistique. Combien de gens ne soupçonnaient même pas la poésie, l'expression dramatique, la haute valeur d'une mélodie qu'ils avaient entendue dans ces conditions, qui s'en sont enthousiasmés après l'avoir entendu interpréter par un pianiste chanteur fredonnant avec une voix médiocre, mais ne donnant pas toute l'importance à la ligne vocale et faisant au contraire ressortir tous les effets d'harmonie, toute l'expression des accords.

Souvent dans nos théâtres modernes c'est le défaut contraire ; l'orchestre couvre parfois les voix : on double bien le nombre des musiciens si la salle est trop grande, mais comme on ne

peut pas doubler les solistes chanteurs, il s'ensuit de déplorables disproportions ; (d'ailleurs
nous reviendrons plus loin sur cette question de
la grandeur démesurée des salles).

Heureusement qu'il existe encore quelques
théâtres de dimensions convenables avec des
orchestres proportionnés ; dans ces conditions,
nous conseillons vivement à nos lecteurs d'écouter surtout l'orchestre, c'est le meilleur moyen
d'arriver à prendre un maximum d'intérêt à
l'audition d'un opéra ; les voix, par leur timbre
très distinct et par la contexture même des opéras (nous parlons ici des œuvres des maîtres)
s'entendent toujours suffisamment ; puis enfin
l'essentiel est de perdre l'habitude, ou mieux,
de résister à cette tendance qu'on a généralement, de n'écouter que les chanteurs ; et le seul
moyen d'y arriver est de prêter l'oreille presque
exclusivement à l'orchestre au moins pendant
quelques représentations ; et au bout de très
peu de temps, sans aucun effort d'attention,
vous percevrez l'ensemble comme il convient, et
trouverez à la musique dramatique une puissance expressive que vous ne soupçonniez pas auparavant, et qui justifie l'enthousiasme des
musiciens.

Les théâtres lyriques

UNE des principales causes qui empê-
chent le public de bien comprendre
certaines œuvres est la grandeur démesurée des salles. Dans un théâtre comme
l'Opéra de Paris par exemple, fût-il construit
dans les meilleures conditions d'acoustique, le
spectateur devra toujours se placer assez
près de la scène et de l'orchestre, s'il veut éviter
une tension d'esprit qui nuirait fatalement à
l'intelligence de l'œuvre. Encore tous les morceaux lui paraîtront-ils vagues, confus et sans
vigueur, à l'exception peut-être d'un air de
bravoure ou d'une sonnerie des cuivres qui
n'en produiraient un effet que plus incisif dans
une salle moins grande.

Prenons un exemple : Si vous faites une tra-
versée, je suppose, et que vous aperceviez une
île dans le lointain, vous pouvez entrevoir un

village, un clocher, un bois, mais tout cela sous
un aspect gris et nuageux, sans plus de pittores-
que et de variété qu'un simple amas informe de
rochers ou de collines. Au fur et à mesure que
vous approcherez, et surtout si vous abordez
dans l'île, vous distinguerez les chalets luxueux
des chaumières rustiques, vous remarquerez les
costumes des habitants, vous verrez la campa-
gne environnante et pourrez avoir ainsi quelque
idée du pays nouveau.

De même entendez une œuvre lyrique, par
exemple *Guillaume Tell* ou le *Freyschutz*, dans
une grande salle comme celle de l'Opéra, tout
vous paraîtra terne, uniforme, et d'autant plus
languissant que vous serez plus loin de la scène.
Au contraire allez écouter ces mêmes partitions
dans une salle plus petite, et ne vous placez pas
trop loin, vous percevrez tous les détails d'instrumentation, vous serez tantôt bercé, tantôt
transporté, par les divers rythmes tour à tour
gracieux et énergiques, vous comprendrez la
vérité d'expression des moindres récitatifs ; la
fusion des lignes mélodiques avec les harmonies
de l'orchestre vous entraînera et votre enthousiasme remplacera cette froide indifférence qui
malheureusement devient souvent une censure

sévère et injuste, surtout quand il s'agit d'une œuvre nouvelle.

Enfin, pour employer l'expression de Berlioz, les effets musicaux doivent faire « vibrer » l'auditeur.

Voici d'ailleurs ce que dit Berlioz à ce sujet : « Le fluide musical est sans force, sans chaleur, à une certaine distance de son point de départ. On entend mais on ne vibre pas...... Si vous suivez une bande militaire exécutant une marche brillante dans la rue Royale, vous l'écoutez avec plaisir ; ses fanfares guerrières vous animent et vous rêvez déjà de gloire et de combats. La bande militaire entre sur la place de la Concorde, vous l'entendez toujours, mais les réflecteurs du son n'existant plus, son prestige se dissipe, vous la laissez continuer son chemin et n'en faites pas plus de cas que d'une musique de saltimbanques. »

Aussi Berlioz déplore-t-il les représentations « glaciales » à l'Opéra du *Don Juan* de Mozart, « si ardent et si passionné au Théâtre Italien. » Et pourtant Berlioz parlait de la salle de la rue Le Peletier ; que dirait-il donc maintenant s'il entendait *Don Juan* à l'Opéra ?

Que n'est-il donné aux personnes qui pour-

raient contester cette opinion, d'entendre certaines œuvres de l'ancien répertoire de l'Opéra-
Comique sur une petite scène comme celle des
Folies Dramatiques par exemple, mais avec le
personnel même de l Opéra-Comique ; elles n'hé-
siteraient pas à reconnaître que la vigueur des
rythmes, les modulations et aussi les nuances
d'exécution étant devenues plus accusées, plus
perceptibles, l'œuvre ainsi entendue parait infiniment plus intéressante.

D'un autre côté, les masses chorales et or-
chestrales peuvent être doublées, triplées, sans
faire oublier pour cela la trop grande dimension
d'une salle ; car les chanteurs solistes ne pouvant se doubler, leur voix est souvent perdue,
engloutie dans un océan d'ondes sonores.

Enfin la trop grande multiplicité des sons
cause toujours une sorte de va-et-vient énervant,
de flou d'autant plus défectueux qu'il y a plus
d'instruments ou de voix pour chaque partie.

Les œuvres sont écrites en général pour un
maximum d'exécutants motivé par le bon équi-
libre des différentes parties de l'œuvre, et qui
ne devrait pas être dépassé.

En vertu de ces remarques, nous ne saurions
trop engager le spectateur à choisir de préféren-

ce les places avoisinant la scène, sans se trouver
par trop près de l'orchestre des musiciens, c'est
du moins le seul parti à prendre étant donnée la
grandeur démesurée de nos théâtres lyriques
actuels.

Symphonistes et Compositeurs
dramatiques

INDÉPENDAMMENT de l'imagination musicale et de l'habileté technique, il faut aussi considérer chez le compositeur dramatique deux autres qualités non moins importantes et qui caractérisent le musicien de théâtre : c'est d'abord le sens poétique sans lequel la musique ne saurait être appropriée aux situations, ne saurait souligner, accentuer les divers sentiments du drame ; puis l'entente de la scène par laquelle l'auteur sait ménager à propos les contrastes, varier les effets, donner à l'orchestre, aux chanteurs, aux chœurs, l'importance relative qui leur convient. C'est grâce à cette qualité très rare que les scènes du drame ou de la comédie qui constituent le livret paraîtront naturelles, que les chanteurs se répondront à temps, s'interpelleront à propos, et que la musique aidera le jeu des artistes au lieu de le gêner.

Souvent le manque de naturel, de mouvement, la monotonie, proviennent de ce que le livret est mal agencé, mais plus souvent encore c'est la faute du compositeur ; ainsi telle scène sera terne, maladroite, traitée par un musicien de grande valeur pourtant comme symphoniste, et deviendra au contraire pleine de verve et d'entrain avec la musique d'un compositeur moins mélodiste et moins habile, mais mieux doué que le premier pour la contexture du morceau dramatique.

Le livret n'offre parfois aucun effet scénique, aucun agencement, les ensembles y sont présentés par exemple comme s'ils devaient être chantés à l'unisson, mais le compositeur qui a l'entente de la scène en saura tirer parti par l'heureux enchevêtrement des motifs, la variété des accents, l'à-propos des entrées, et obtiendra ainsi l'animation et le naturel.

Ces qualités du musicien de théâtre pour lesquelles Mozart nous paraît être le modèle (2ᵉ acte des *Noces de Figaro*) deviennent de plus en plus rares. Cela tient peut-être aux tendances actuelles de la plupart des jeunes musiciens à écrire des œuvres purement symphoniques, plus facilement jouées au concert que ne le serait un opéra au théâtre.

Mais nous trouvons dans certaines œuvres bien modernes toutes les qualités qui caractérisent le musicien dramatique, par exemple dans *Carmen* de Bizet, ce qui montre qu'entre les mains d'un compositeur vraiment doué, le style moderne se prête à merveille aux effets scèniques. Malheureusement parmi les compositeurs, qui se divisent en symphonistes et musiciens dramatiques, beaucoup ne savent pas rester dans le domaine d'art qui convient à leurs aptitudes, à leur tempérament, et les symphonistes, que séduisent si souvent les succès de théâtre, écrivent des œuvres d'un genre mixte où les exigences de la scène et celles du développement symphonique se nuisent mutuellement.

Les différentes Ecoles

SUR la question des différences d'Ecoles
et de styles, nous nous bornerons à donner les quelques notions suivantes, qui suf-
firont peut-être à éviter les erreurs et malentendus si fréquents. Un exposé de la caracté-
ristique de chacune des différentes Ecoles,
Française, Italienne, Allemande, Ecole clas-
sique, Nouvelle Ecole, etc., nous entraîne-
rait à des considérations fort longues et
hors du cadre que nous nous sommes pro-
posé. Nous expliquerons donc seulement
que dans les opéras anciens, chez les maîtres
classiques, le motif en général n'est pas modulant, et s'il y a des modulations dans le cours
du morceau, elles sont amenées par les exigences du développement ; ces modulations sont
parfois nombreuses (par exemple dans les deux
airs de Chérubin des *Noces de Figaro* de Mozart),

mais enfin le motif, à son point de départ, se dessine presque entièrement dans une tonalité initiale ; de plus la coupe de ces morceaux est régulière, mesurée, cadencée.

Au contraire, dans les œuvres de Wagner, par exemple, la mélodie ou plutôt la ligne principale s'appuie souvent et dès le début sur une série de modulations, et non seulement de modulations dans les tons relatifs, mais aussi dans les tons éloignés qui déplacent encore plus le sentiment tonal ; ce sont en quelque sorte ces séries de modulations qui déterminent la ligne principale ; puis les cadences y sont très rares : à peine commencent-elles à se dessiner qu'un accord vient les interrompre, ébranlant le sens rythmique et donnant au sentiment tonal ce vague qui se prête particulièrement à l'expression d'extase, de rêve, de mysticisme.

La nouvelle Ecole Française a des modulations plus fréquentes que l'ancienne Ecole, mais ces modulations sont en général le fait du développement de l'idée principale ; d'un autre côté la coupe régulière et la fréquence des cadences la distinguent essentiellement de la manière de Wagner ; on y trouve enfin de nombreux exemples d'un dessin mélodique ap-

puyé sur une suite d'accords modulants, mais
ce dessin est rarement un motif initial.

Notons aussi que les cadences différentes
caractérisent également la manière de tel ou tel
maître : on dit couramment : la cadence Ros-
sinienne, la cadence à la Gounod, etc. (formules
différentes, suites d'accords servant à boucler
la phrase musicale).

Une des particularités de l'Ecole actuelle
(1895) est la recherche excessive dans la façon
de présenter les harmonies, un abus des retards,
etc., des accords dissonants de toute espèce.

Les musiciens ont une tendance à pimenter
de plus en plus leurs œuvres avec ces *artifices
de réalisation*.

Les moins doués finissent par ne plus voir
dans leur art que la forme, la technique, le
métier, et c'est le plus *fort en thème* qui devient
à leurs yeux le plus grand maître ; ce qui jus-
tifierait presque cette opinion exagérée de
Grétry : « Moins un compositeur a de génie,
dit-il, (7ᵉ livre des *Essais*) plus il se fortifie en
science, pour être quelque chose. »

Mais il y a d'immortels chefs-d'œuvre pour
lesquels il serait vraiment puéril de considérer
séparément la forme et le fond, l'arrangement

et l'idée, l'habileté technique et l'inspiration ; où la mélodie, les harmonies et les détails d'agencement ont dû former un tout indivisible dans la conception de l'idée musicale ; l'harmonie n'y est point choisie pour enrichir la mélodie, pas plus que la mélodie pour faire valoir les harmonies : ce n'est pas une idée arrangée, c'est une conception d'effets simultanés concourant à une même expression ; et celles-là seules qui remplissent ces conditions sont vraiment des œuvres d'art.

Et puis il y a habileté technique et habileté technique ; il y a ce qui s'apprend, ce qui résulte de la persévérance, de l'acharnement à l'étude, et ce qui provient du goût naturel, de l'ingéniosité, de l'adresse, développée par l'étude, bien entendu ; il y a le *fort en thème* qui remportera sûrement le prix d'harmonie, de fugue, etc., pour ne jamais rien produire qui vaille la peine d'être entendu, et celui qui (indépendamment de l'inspiration, du goût, de l'enthousiasme, de la verve et de l'esprit qu'il peut y avoir dans sa musique) sait agencer un duo comme celui du 2ᵉ acte de la *Fille du Régiment*, pour citer un exemple de contexture plus habile qu'on ne semble le croire, en général.

Mentionnons encore, pour terminer ces quelques considérations sur les Ecoles et les styles divers, la remarque suivante de Marmontel (*Esthétique musicale*) sur la distinction à faire entre l'opéra comique (comédie musicale française) et l'*opera buffa* italien :

« L'enjouement, dit-il, la grâce, l'élégance et la coquetterie de l'Ecole française diffèrent de la verve comique et étincelante d'ironie du genre bouffe italien. » On ne saurait mieux dire, et bien qu'il y ait entre ces deux genres mille autres distinctions à établir, du moins cette observation nous paraît un résumé très juste de tout ce qui pourrait être dit à ce sujet.

Mais en somme les questions d'Ecoles et de systèmes importent peu. Un grand écrivain a dit quelque part : « L'art n'est pas dans tel ou tel principe, dans tel ou tel temps, dans tel ou tel pays, il est dans le génie de l'homme qui en fera l'application partout où il portera sa pensée. » Les principes esthétiques peuvent en effet varier avec les différentes imaginations, et c'est amoindrir le domaine de l'art que d'admettre exclusivement une Ecole. Le but du peintre, du musicien, et de tout artiste en général, doit être de faire éprouver au spectateur, à l'auditeur, une impression, un sentiment déterminés ; et s'il n'arrive pas ainsi à émouvoir (ceux toutefois. à qui l'art peut procurer une émotion) c'est qu'il n'a pas un tempérament d'artiste ou qu'il ne sait pas exprimer sa pensée.

Qu'une page soit écrite dans le style mesuré, cadencé, des maîtres classiques, ou bien avec une accumulation de modulations qui ébranlent. le sens rythmique et le sens tonal, qu'elle soit de l'Ecole Italienne, Française, ou Allemande,. peu importe, si cette page est empreinte d'un sentiment, et si ce sentiment est bien celui qui convient au sujet traité ; les *Noces de Figaro* de Mozart, l'*Othello* de Verdi et le *Pré-aux-Clercs* d'Hérold (nous citons à dessein trois. œuvres de caractères essentiellement différents), n'en restent pas moins trois chefs-d'œuvre. L'essentiel est que chaque compositeur sache écrire dans la manière qui convient le mieux à. son tempérament, à ses inspirations.

Le chef d'orchestre. — Les chanteurs. —
Les partitions

E N général on s'occupe exclusivement des chanteurs, et quelquefois aussi des musiciens solistes, mais rarement du chef d'orchestre ; et pourtant c'est lui qui a fait étudier la partition et qui a dû par conséquent se préoccuper des moindres intentions de l'auteur, des effets de rythme et de sonorité, afin de les faire rendre à son orchestre. Il lui faut donc être non seulement un parfait lecteur, un maître solfégiste, mais aussi un véritable artiste accessible aux œuvres de styles et de tempéraments les plus divers. Il doit enfin savoir communiquer à ses musiciens le sentiment musical dont il est lui-même animé, ce qui est une qualité très rare, très spéciale et fort difficile à acquérir, car il y a des compositeurs distingués qui ne savent pas diriger, même quand il s'agit de leurs œuvres ; ils n'ont pas l'habitude de conduire, de *jouer de l'orchestre* (pour employer une expression fort justement usitée.)

C'est en effet toute une étude, et peut-être la plus aride qui soit en musique, que d'apprendre à bien jouer de l'orchestre ; sur le clavier du piano, les doigts obéissent à un même cerveau, cèdent à une même impulsion rythmique, tandis que les nombreux musiciens d'un orchestre sont animés de sentiments différents de la mesure, du phrasé, du mouvement, etc., et tentés de suivre chacun son goût et son inspiration propres.

Le chef d'orchestre doit donc maîtriser tout entraînement personnel chez les exécutants et les animer tous d'un seul et même sentiment musical. Il doit enfin se rendre compte de l'effet à la seule vue de la partition, et l'on comprend que ce degré de perfection en lecture musicale soit difficile à atteindre quand il s'agit d'une multitude de portées superposées, parties d'orchestre, solis et chœurs ; on conçoit aussi qu'il faille une oreille vraiment exercée pour entendre les moindres fautes au milieu du tumulte orchestral, et une grande habitude pour avertir à temps le chanteur ou l'exécutant, afin d'éviter autant que possible qu'un défaut de mémoire ou d'attention ne retarde l'entrée d'une partie.

On admettra facilement qu'un musicien réunissant ces nombreuses et rares qualités puisse être à juste titre considéré comme ayant le rôle le plus important dans l'interprétation d'une œuvre lyrique.

Les quelques lignes suivantes de Berlioz sont les meilleures que nous puissions citer pour montrer quels peuvent être les défauts et quelles doivent être les qualités d'un chanteur :

« Un chanteur ou une cantatrice capable de chanter seize mesures seulement de bonne musique avec une voix naturelle, sans efforts, sans écarteler la phrase, sans exagérer jusqu'à la charge les accents, sans platitude, sans afféterie, sans mièvreries, sans fautes de français, sans liaisons dangereuses, sans hiatus, sans insolentes modifications du texte, sans transpositions, sans hoquets, sans aboiements, sans chevrottements, sans intonations fausses, sans faire boiter le rythme, sans ridicules ornements, sans nauséabondes appogiatures, de manière enfin que la période écrite par le compositeur devienne compréhensible et reste tout simplement ce qu'il l'a faite, est un oiseau rare, très rare, excessivement rare. »

Berlioz est peut-être un peu sévère, mais aussi n'est-il pas vrai que la plupart des défauts qu'il énumère sont dûs au mauvais goût et à la mauvaise éducation musicale du chanteur, qui après tout pourraient être facilement améliorés?

Selon nous, le grand tort des chanteurs, en général, car il y a heureusement des exceptions, c'est qu'ils chantent pour chanter, qu'ils essaient de se faire valoir eux-mêmes, alors qu'ils devraient se préoccuper exclusivement de rendre l'expression musicale dans ce qu'elle a de plus élevé, de plus sublime, oubliant en quelque sorte leur personnalité pour ne songer qu'à l'œuvre qu'ils interprètent ; mais il est vrai que, le plus souvent, le public applaudit à des effets d'un goût douteux, bien plutôt qu'aux témoignages d'un talent réel : l'intelligence musicale et la vérité d'expression luttent en vain contre la belle prestance, la forte voix, et la virtuosité du gosier.

Mais de tous les défauts du chanteur, le plus déplorable et malheureusement aussi le plus

répandu, c'est l'absence de sentiment du rythme, le manque de verve, qui enlève à certains
morceaux tout leur brio, toute leur allure, fait
paraître terne et languissante la musique la plus
étincelante et la plus passionnée, et rend insup-
portable l'audition des œuvres les plus belles et
les plus intenses d'expression.

Enfin nous dirons deux mots de l'utilité qu'il
y aurait à développer chez les élèves chanteurs
le sentiment de l'*harmonie*. En effet certains accords, par exemple ceux qui amènent une
modulation inattendue, devraient être en quelque sorte soulignés, mis en relief, par un accent,
par une note plus sonore de la partie vocale
pour que la ligne mélodique soit intimement
liée aux harmonies ; mais c'est là une observation que nous nous bornerons à mentionner,
car les questions qu'elle soulève nous entraîne-
raient dans des considérations trop techniques.

Nous ne saurions trop conseiller à nos lecteurs d'écouter attentivement, s'ils en ont l'occasion, les partitions piano-et-chant, avant
d'aller au théâtre entendre les mêmes œuvres
orchestrées. L'art de l'instrumentation qui a fait
récemment de grands progrès joue un rôle très
important dans la plupart des œuvres modernes ;

aussi pour arriver à saisir, au milieu de tous ces
timbres divers, les effets d'harmonie proprement
dite, il est préférable de commencer par écouter
les partitions au piano. La disposition du clavier
permet à un seul exécutant de faire entendre
simultanément un grand nombre de sons et les
différents dessins mélodiques d'un contrepoint
à parties nombreuses ; aussi le piano est-il, de
tous les instruments, celui qui résume le mieux
l'orchestre et l'effet d'ensemble d'une partition,
sans les timbres toutefois ; mais précisément à
cause du timbre unique les harmonies y sont
très facilement perceptibles. Il n'est donc pas
de meilleur moyen d'arriver promptement à
l'intelligence complète d'un opéra que d'en
écouter avec soin la partition au piano.

La partition piano-et-chant est évidemment
préférable si l'on prête une attention particulière
à l'accompagnement, à la partie de piano, car,
ainsi que nous l'avons déjà dit, le timbre de la
voix met toujours la ligne chantée suffisamment
en relief ; c'est le seul moyen, nous ne saurions
trop le répéter, de saisir l'expression musicale
qui consiste dans la fusion de la mélodie avec
les harmonies de la partie instrumentale.

Pour ce qui concerne les chœurs, si le pianiste

n'est pas assez lecteur et harmoniste pour
réduire les diverses parties superposées, il faut
avoir recours à la partition piano-seul, qui donne
la réduction toute faite.

Symphonie et Musique dramatique

IL est aisé d'admettre que l'ouïe et la vue
jouent des rôles analogues, l'une en musique, l'autre en peinture. Or, des combinaisons de couleurs qui n'éveilleraient à l'esprit
aucune figure, aucune image de quelqu'un ou
de quelque chose existant, par exemple des
peintures purement ornementales ne ressem-
blant à rien de connu et dues à la seule
fantaisie, à l'imagination du peintre, ou encore des pièces d'artifice, des fontaines lumi-
neuses, etc., auraient donc pour analogues, dans
l'art sonore, des combinaisons de sons non
précisées dans leur expression par des paroles,
c'est-à-dire la symphonie proprement dite.

Mais la peinture comme on l'entend habituel-
lement ne consiste pas précisément à éveiller
en nous des sentiments plus ou moins vagues

par de simples combinaisons de couleurs ne
représentant aucun objet, aucune idée déterminée ; et pourtant il suffit de constater que
certaines couleurs correspondent dans notre
esprit à des idées de tristesse ou de gaîté ; les
couleurs claires, le rose, le bleu ciel, le mauve,
éveillant en nous des idées de joie, de jeunesse,
de printemps, et les couleurs foncées éveillant
au contraire des idées de tristesse, etc. ; il suffit, disons-nous, de constater ces associations de
sensations, de sentiments, d'idées, pour admettre qu'il pourrait exister dans l'art de com-
biner les couleurs quelque chose d'analogue
à la symphonie ; simple question de développement, qui n'a rien d'extravagant si l'on pense
à l'état rudimentaire où était encore la musique
symphonique il y a quelques centaines d'années.

D'ailleurs, il importe peu, ici du moins, de
savoir si l'art des combinaisons de couleurs
deviendra jamais, ou pourrait devenir aussi
complexe, aussi grand que l'est devenue la
symphonie avec les maîtres classiques. Remar-
quons seulement que la Peinture, c'est-à-dire
les couleurs combinées cette fois sur un sujet
précis, constitue depuis longtemps un art com--

plet, admirable et qui nous paraît autrement digne d'intérêt, autrement intense d'expression que les combinaisons de couleurs dont nous parlons plus haut, quelque géniales qu'elles puissent devenir ; actuellement il nous est impossible de concevoir qu'il en soit autrement, et ceci revient à dire que livrées à leur propre puissance, toutes les ressources de la technique sont loin de constituer un art aussi intense d'expression que lorsqu'elles sont mises au service d'une idée déterminée, d'un sujet précis.

De cette supériorité de la *Peinture* (comme on l'a toujours comprise jusqu'à présent) sur tout autre art employant les mêmes moyens (combinaisons de formes et de couleurs), et aussi de l'analogie des arts plastiques et des arts sonores dont nous avons parlé précédemment, il serait aisé de conclure à la supériorité de la musique dramatique sur la symphonie proprement dite.

Cette conclusion pourra paraître étrange tout d'abord, car il est bien peu de musiciens qui n'aient été portés au plus haut degré de l'enthousiasme par les symphonies des grands maîtres, et nous-mêmes, nous serions tentés en écoutant ces chefs-d'œuvre de méconnaître les conclusions qui résultent de nos études sur cette question et dont les considérations précédentes ne sont d'ailleurs qu'un résumé fort incomplet.

Mais nous avons entendu tour à tour et fréquemment les chefs-d'œuvre de la symphonie et de la musique dramatique, et malgré les émotions artistiques si intenses que nous ont fait éprouver les sublimes symphonies de Beethoven, nous avons eu maintes occasions de comprendre l'incomparable puissance d'expression de la musique dramatique.

Exposons d'abord quelques-unes des raisons pour lesquelles la symphonie parait avoir pris le pas sur l'opéra dans l'opinion du monde musical (1895).

La supériorité, peu contestable, d'une symphonie de Beethoven sur un opéra de Meyerbeer par exemple (ou tout autre compositeur dramatique) ne suffit pourtant pas pour conclure en faveur de la symphonie, car il peut y avoir plus de génie musical chez le symphoniste. Or, neuf fois sur dix, (nous l'avons souvent remarqué) on met en parallèle les chefs-d'œuvre de la symphonie comme la Symphonie en *Ut mineur* de Beethoven avec des opéras relative-

ment faibles, ce qui n'est pas précisément fait
pour établir la supériorité de la musique dramatique.

Pour être logiques, il faudrait comparer au
moins des œuvres de valeurs respectives apparemment équivalentes ; mais si nous comparons
des œuvres d'un même auteur, par exemple, la
symphonie en *Ut mineur* avec *Fidelio*, en
admettant même la supériorité de la symphonie
en *Ut mineur*, on ne peut encore rien conclure,
car Beethoven peut n'avoir pas au même degré
le génie de la musique dramatique et celui de
la musique symphonique ; enfin quand bien
même tous les opéras seraient inférieurs à toutes les symphonies, cela ne prouverait pas encore la supériorité de la musique symphonique,
car les deux arts dramatique et symphonique,
peuvent n'avoir pas atteint le même degré de
développement. On nous objectera immédiate-
ment que ces deux arts sont actuellement assez
développés pour que les chefs-d'œuvre de l'un
puissent être mis en parallèle avec les chefs-
d'œuvre de l'autre, dans le but d'établir une
comparaison et de décider en faveur de l'un ;
eh bien, il y a quelque trente ans encore, ce parallèle aurait pu paraître logique

et peut-être établir la supériorité de la symphonie, mais si l'on songe au nouvel essor qu'a pris la musique dramatique, surtout aux yeux de ses détracteurs, avec Richard Wagner, on comprend aisément que la musique évolue encore, qu'elle a sans doute beaucoup à dire, que le développement capricieux de la symphonie, de l'opéra, et du drame lyrique ne se fait peut-être pas parallèlement, et que la comparaison d'après les œuvres actuelles serait un procédé dangereux pour arriver à la solution de la question proposée. Les raisons que nous avons données, un sentiment juste de l'expression même de la musique, une étude approfondie de ses moyens d'action sur notre sensibilité, sur notre esprit, un grand nombre d'auditions attentives et réfléchies peuvent seuls donner la notion de la prodigieuse intensité d'expression de la musique associée aux paroles, intimement liée, par la fusion du verbe et de la ligne mélodique, à une situation dramatique déterminée, précisée.

Mais revenons à la proposition de comparer les œuvres dramatiques et les symphonies avant Wagner. Alors les *livrets* d'opéras étaient pour la plupart de méchants mélodrames mal bâtis, et généralement en vers de mirlitons, suffisamment fâcheux pour détourner l'auditeur de toute notion d'art ; à cause de cela sans doute, la plupart des lettrés choqués par des poèmes aussi ridicules eussent donné la préférence à l'art purement symphonique ; mais cette opinion a été tout au moins ébranlée par les œuvres de Wagner dont la valeur des poèmes est peu contestée et qui sont, malgré le développement de la partie instrumentale, des œuvres dramatiques, essentiellement dramatiques même, puisque tout y est subordonné aux paroles, à l'action.

Nous n'entendons pas par là que les œuvres de Wagner soient supérieures aux symphonies de Beethoven (loin de là) ni même à tous les opéras des maîtres Italiens ou Français, mais nous faisons remarquer que déjà une des causes qui pouvaient empêcher les artistes de donner la préférence à la musique dramatique, *la pauvreté des livrets*, a disparu avec les œuvres de Wagner.

Et si nous avons cité Wagner de préférence, c'est seulement à cause de la valeur littéraire de ses poèmes, qui a permis aux lettrés de s'intéresser à la musique dramatique ;

car si le poème et la musique constituent dans *Parsifal* et dans *Tristan* un art plus conforme à l'esthétique moderne, il ne s'ensuit pas nécessairement que Wagner ait dépassé en intensité d'expression musicale tous les autres compositeurs dramatiques, souvent trahis par la pauvreté des libretti, mais dont les œuvres atteignent parfois au plus sublime.

Du goût et du jugement en musique

LES œuvres que nous croyons être la plus
haute expression de l'idée musicale ne
sont pas celles que le monde artistique
semble estimer davantage aujourd'hui, mais,
ce qui est bien différent, les œuvres devenues
tardivement populaires ou mieux celles qui
sont consacrées par le temps.

Expliquons-nous. Il nous paraît naturel que
le public des théâtres ne puisse pas avoir l'éducation d'oreille et le sentiment esthétique qui
permettent de percevoir toutes les beautés
d'une œuvre ; séduit surtout par des effets de
timbres et de rythmes relativement grossiers et
par les airs faciles à retenir, il ne saisit qu'à
demi (si tant est qu'il les saisisse) les effets plus
raffinés, en général, et particulièrement les harmonies, qui sont pourtant le plus puissant élément d'expression musicale. *Ce n'est donc pas
le public que nous prenons comme juge,* et de ce

qu'une œuvre vient d'obtenir un grand succès, nous n'en concluons point à sa haute valeur artistique. Seulement pour peu qu'on y réfléchisse un instant, on comprend qu'avec les années, la célébrité d'une œuvre tient à de tout autres causes : peu à peu la force intelligente l'emporte sur celle du nombre, les partis pris d'Ecoles et de systèmes n'ont plus autant d'influence quand il s'agit d'uue œuvre ancienne, et les dilettanti, meneurs d'opinions, jugent plus impartialement ; les auditeurs moyens se familiarisent avec telle œuvre qui les avait tout d'abord surpris, choqués, par sa nouveauté même ; ils y découvrent des beautés toutes nouvelles, si c'est un chef-d'œuvre ; ils arrivent à la satiété rapidement, si c'est une œuvre médiocre ; l'enthousiasme sincère fait des prosélytes, etc., etc., et... finalement le temps rend justice à l'ouvrage en le condamnant ou le consacrant définitivement.

Il semble vain et en tout cas fort difficile d'établir la supériorité d'une œuvre sur une autre (surtout quand il s'agit, bien entendu, d'opéras célèbres, jouissant de réputations apparemment équivalentes) à cause de la part de goût personnel qui entre nécessairement dans l'appréciation ; il semble qu'on ne puisse arriver qu'à des classements relatifs, plus ou moins différents, variant suivant le goût, le tempérament, le plus ou moins d'habitude, d'exercice d'oreille, le degré d'éducation musicale et le savoir de chacun.

Enfin la difficulté de trouver un critérium définitif, satisfaisant, conforme aux conditions les plus exigentes d'une logique parfaite, fait qu'on renonce généralement à résoudre ce problème.

Quelquefois pourtant les esthéticiens d'opinions les plus différentes, les dilettanti exercés et les critiques les plus autorisés sont d'accord sur certaines questions de classement, et unanimes à reconnaître la supériorité de tel ou tel maître, de telle ou telle œuvre. Pour certains ouvrages même, la supériorité ne semble plus discutable, mais devient évidente pour tout le monde.

En pareil cas, le goût personnel (qui joue toujours son rôle, bien entendu) ne modifie plus suffisamment les autres causes du jugement, ou plutôt l'effet de ces autres causes, pour qu'il y ait divergence complète d'opinion.

Or il est aisé de constater et de s'expliquer que plus le degré d'éducation musicale, d'exercice d'oreille, d'habitude d'entendre de la musique, etc.,... est élevé chez les esthéticiens, moins ceux-ci diffèrent d'opinion, en général ; c'est-à-dire, en résumé, que plus ils sont instruits et exercés, plus leurs jugements se ressemblent ; voici les explications que nous croyons devoir donner à l'effet de justifier cette opinion.

Il est bien évident que nous n'avons pas à considérer ici les opinions faites de parti-pris, d'intérèt personnel, de mode, etc., toutes choses avec lesquelles il faut compter dans bien des cas, mais qui n'ont rien à voir avec les considérations présentes. — Il ne faudrait pas non plus tenir compte des opinions de bien des geus apparemment autorisés, sans s'être assuré auparavant qu'ils réunissent au moins les conditions élémentaires d'éducation musicale, de sensibilité et d'intelligence, pour porter un jugement de réelle valeur.

Nous disons donc que les différences de goûts personnels diminuent au fur et à mesure que les juges acquièrent plus compétence. En effet, les divers éléments autres que le goût personnel et qui contribuent à la formation d'un jugement, d'une opinion, augmentent en

nombre et en puissance avec l'éducation musicale, le savoir, et l'entraînement dont nous
avons parlé précédemment ; or, le goût personnel lui-même se différencie de moins en moins
chez les divers auditeurs avec l'habitude d'entendre et d'étudier les mêmes ouvrages, car il
est fait de mille causes, mais en grande partie,
de ce que l'on perçoit plus ou moins aisément
l'harmonie, ou la mélodie, ou le timbre, etc., et
qu'avec l'éducation il tend à se réduire à un
ensemble de causes : tempérament, atavisme,
association d'idées, qui le plus souvent ne suffisent plus à donner à ce facteur du jugement un
coefficient assez élevé pour faire naître de bien
grandes divergences d'opinions musicales ; et
comme, d'autre part, ce goût personnel perd de
son influence au fur et à mesure que les autres
facteurs du jugement augmentent en nombre,
nous pouvons en conclure que plus les juges
sont exercés, c'est-à-dire plus ils perçoivent
d'éléments : mélodie, harmonie, timbre, contexture, etc., plus leurs appréciations ont des
chances de se rapprocher entre elles, en se
rapprochant de cette appréciation *une* et parfaite à laquelle personne n'atteint, mais que
nous pouvons concevoir comme la *limite ma-*

*-thématique vers laquelle tendent les apprécia-
tions les plus en plus complètes des juges les
plus en plus exercés.*

Et de même les appréciations diffèrent d'autant plus que les gens sont plus étrangers aux
choses de la musique. En effet si nous prenons
quelques juges dans le gros public pour l'appréciation d'une œuvre nouvelle, non consacrée
ou condamnée par le temps et sur laquelle on
ne connaîtrait même pas l'opinion des critiques
reconnus autorisés, une œuvre enfin sur laquelle
chacun donnerait son goût bien personnel, son
impression sincère, nous obtiendrions les jugements les plus contradictoires, puisque nous
voyons des auditeurs bâiller à *Don Juan* ou à
Guillaume Tell, et se pâmer d'aise à la plus
écœurante opérette de café-concert.

Comme exemple du fait opposé : similitude
d'appréciations chez les juges très exercés,
nous choisirons des critiques justement célèbres
et des musiciens dont le génie ou le talent ne
puissent être sérieusement contestés ; de plus
nous choisirons, parmi les compositeurs, des
musiciens d'écoles très différentes, de nationa-
lités, de tempéraments, de génies différents, afin
de donner plus de valeur à notre argumentation.

C'est ainsi que nous voyons Méhul, Rossini, Richard Wagner, Gounod, et les critiques Fétis. et Oulibicheff s'accorder pour reconnaître en Mozart l'un des plus grands génies de la musique et même le plus grand de tous.

Qu'on en juge d'ailleurs par les appréciations. suivantes :

Méhul, à qui l'on demandait si Mozart était à son avis le plus grand musicien du monde : « Je ne sais, répondit-il, je n'ai jamais songé à le comparer à aucun autre », laissant entendre ainsi qu'il le jugeait incomparable.

Rossini offrit à Monsieur Heugel un portrait de Mozart (que l'on peut voir au *Ménestrel*) sous lequel il a écrit : « Voici le portrait du maître des maîtres Mozart !!!! »

On connaît d'ailleurs la réponse célèbre de l'auteur de *Guillaume* et du *Barbier :* Quelqu'un lui demandait quel était le plus grand musicien du monde : « C'est Beethoven, dit-il », — Et Mozart ? ajouta son interlocuteur, — Oh celui-là, dit Rossini, c'est le seul.

Richard Wagner recommande spécialement. aux jeunes musiciens qui se destinent à la composition dramatique d'étudier la partition des. *Noces de Figaro.*

Quant à Gounod, chacun se rappelle son dis-
cours à l'Institut, où il a tenu à affirmer officiel-
lement qu'il considérait Mozart comme le plus·
grand des musiciens.

Berlioz, sans doute aigri (et bien à juste titre)
contre ses nombreux détracteurs qui lui lan-
çaient constamment Mozart à la tête et qui le
plus souvent ne pouvaient rien comprendre au
génie de l'auteur des *Noces*, n'a jamais, dans·
ses ouvrages du moins, parlé de Mozart avec
autant d'emphase que les autres écrivains,
bien qu'il lui ait parfois consacré quelques lignes qui trahissent malgré tout un bien sincère
enthousiasme ; mais l'évolution musicale pour
laquelle il combattait, et qui rencontrait tant
d'obstacles parmi des gens ignorants et de·
parti-pris, ne jurant que par Mozart et n'y com-
prenant rien, explique facilement son apparente·
modération et ses quelques boutades : c'est à
cela que nous devons son mot sur le célèbre·
critique Oulibicheff : « Monsieur Oulibicheff,
dit-il, (dans son livre à *Travers chants*) a con-
servé toute sa vie un doute cruel ; il n'était·
pas bien sûr que Mozart fût le bon Dieu. » Le
mot de Berlioz est amusant sans doute et nous
montre à quel point le critique russe était·

-enthousiaste de Mozart ; mais certes tout l'esprit de Berlioz n'empêche point Oulibicheff d'avoir écrit sur la musique des ouvrages qui témoignent assurément et à tous les points de vue de la compétence la plus rare.

Enfin voici comment Fétis parle des *Noces de Figaro :* « Le final du 2me acte des *Noces de Figaro* est à lui seul un opéra entier, plus fécond en beautés musicales de premier ordre que tout ce que l'Allemagne avait produit auparavant dans la musique dramatique. »

De l'Esprit d'analyse en critique musicale.

Dans un chapitre précédent nous avons
exposé les raisons principales pour lesquelles la musique dramatique, la musique avec partie chantée sur des paroles, nous
parait être la forme définitive de l'art musical.
Puis nous avons essayé de montrer dans quelles
limites on peut tenir compte de l'opinion du
public, de la célébrité d'une œuvre déjà ancienne, consacrée par le temps, de l'opinion
des gens plus ou moins exercés, de l'opinion
des maîtres, etc., laissant au lecteur le soin
d'en conclure, suivant son gré, quelle part
d'influence ces diverses considérations doivent
avoir sur l'opinion qu'il se fera de la valeur
artistique d'une œuvre musicale, quelle con-
fiance il peut avoir en son jugement personnel,
etc.

Rappelons maintenant, en ce qui concerne

l'impression que vous produit une œuvre (somme d'intérêt, de plaisir que vous prenez à l'entendre) que cette impression est d'autant plus conforme aux intentions de l'auteur, d'autant plus complète, plus juste, que vous l'entendez un plus grand nombre de fois (à moins évidemment que vous n'arriviez à la satiété, auquel cas votre ennui prouvera que l'œuvre ne résiste pas à un trop grand nombre d'auditions).

Tout le monde sait en effet que la première fois qu'on entend un chef-d'œuvre on n'en perçoit que quelques effets, quelques beautés, les plus en relief, et que souvent même les seules pages qui plaisent à première audition sont précisément celles qu'on aimera le moins aux auditions suivantes.

Nous croyons inutile d'insister sur cette vérité que personne ne conteste, que presque tous les amateurs de musique ont expérimentée et qui est encore une question d'entraînement, d'exercice par lequel on arrive à s'assimiler des beautés, des effets qui vous étaient auparavant tout à fait étrangers et passaient inaperçus ; et pourtant combien voyez-vous de gens porter un jugement définitif sur une œuvre qu'ils n'ont entendue qu'une fois, sachant pourtant très bien qu'il est presque impossible de comprendre un opéra une première fois ; mais ils font volontiers exception ponr eux-mêmes, ne pouvant se rendre compte qu'avec de bonnes oreilles et de l'attention ils n'aient pu saisir toute la beauté de la musique qu'ils viennent d'entendre.

Plusieurs cas peuvent se présenter : une œuvre peut n'intéresser, n'émouvoir jamais, ou bien intéresser de moins en moins pour s'arrêter à un intérêt déterminé qui reste à peu près le même pour les auditions nouvelles, ou encore intéresser de plus en plus, etc., etc. Mais ce que bien peu d'auditeurs ont observé, c'est qu'il y a des œuvres qui tout d'abord plaisent ou déplaisent, peu importe, et qui atteignent à un certain degré d'intérêt pour paraître ensuite banales, ressassées au fur et à mesure qu'on les entend davantage, mais non plus cette fois pour amener à jamais la satiété ; bien au contraire, elles se relèvent peu à peu dans l'admiration de l'auditeur, et au point d'atteindre pour le dilettante le plus exercé, le plus blasé même sur la nouveauté, au plus haut degré du sublime, et de s'y maintenir, quelque nombreuses que soient les auditions.

Après avoir été charmé, séduit par les nouvelles formules qui nous changent des formules classiques, nous devenons un peu saturés de ces cadences qui ne tardent pas à paraître aussi vieilles que les autres, aussi simples, aussi banales et ressassées ; le dilettante exercé, expérimenté, finit donc par se méfier de l'attrait de la nouveauté, et s'il subit malgré lui son influence, du moins il s'inquiète fort peu de la lettre, du procédé et des considérations de technique, ne tenant compte que de l'expression même de la musique, de l'esprit de l'œuvre, et il arrive à reconnaître du génie là où il ne voyait plus que des formes lâchées, des agencements trop rudimentaires, des effets trop faciles ; en un mot le manque d'intérêt analytique de la forme (si curieux au contraire dans des œuvres plus complexes) l'empêchait de comprendre la sublimité d'expression de certaines œuvres.

Et puis enfin la simplicité de forme cache souvent les conceptions les plus complexes. Il y a par exemple en mathématiques des formules qui ne peuvent se réduire qu'à une expression

relativement compliquée, d'autres au contraire
peuvent se réduire à une formule très simple ;
mais ce qu'il faudrait reconnaître c'est le cas
où la formule est compliquée parce que l'algé-
briste n'a pas su la réduire, et celui où elle n'est
plus réductible. Or, si quelques musiciens ont
des formules compliquées et sublimes qui ne seraient pas sublimes si elles n'étaient pas compliquées, d'autres sont compliquées parce qu'ils
n'ont pas su réduire à la formule simple ; ceux-
ci ont beaucoup de mise en œuvre, ce qui fatigue l'attention de l'auditeur, et disent en vingt
mots ce qu'un autre eût dit *aussi bien* en deux
mots seulement, et avec d'autant plus de clarté.

C'est ainsi que nous voyons parfois, dans les
œuvres des maîtres, quelques notes de mélodie,
ou de récit, posées sur un accord élémentaire,
arriver à une intensité d'expression prodigieuse,
alors que telle autre page d'une complication excessive essaie en vain de nous donner la même
émotion.

Or, si l'on peut réussir à justifier son impression par l'analyse, cela ne prouve point que
cette impression n'ait aucune raison d'être et
qu'elle soit le résultat d'associations d'idées per-
sonnelles ou d'un parti-pris inconscient ; car

cette formule simple, ces quelques notes, par la
façon dont elles sont présentées, par leur mouvement rythmique, peuvent être l'expression ré-
duite d'une formule très complexe ; et si le pourquoi du beau sous cette forme nous échappe,
c'est simplement parce que nos moyens d'analyse actuels ne nous permettent pas de rétablir
la formule complexe dont cette formule plus
simple est la synthèse. Entre le rire franc et sincère et celui d'un acteur qui imite le rieur, il
y a aussi une différence que nous pouvons très
bien voir sans être capables de nous rendre
compte des différences de contractions muscu-
laires qui peuvent exister dans les deux cas.

Et souvent les effets les plus intenses sont
précisément ceux qui échappent à notre analyse, c'est-à-dire ceux qui sont une conception
synthétique, qui sont dûs à la seule intui-
tion de l'auteur et dont les causes beaucoup trop
complexes, beaucoup trop subtiles, sont absolument en dehors de nos moyens d'investigation.

C'est par de telles considérations que nous
comprenons la difficulté, l'impossibilité même
d'expliquer pourquoi telle œuvre est belle ; car
s'il est souvent possible de faire remarquer certaines qualités dans une œuvre, dans une phra-

se musicale, ce n'est qu'un moyen de diriger l'attention de l'auditeur et de lui permettre ainsi de percevoir les beautés qu'il n'aurait peut-être point saisies sans ces remarques ; mais les observations du critique ne prouvent pas le plus ou moins de valeur d'une œuvre, et nous pourrions citer des exemples où il n'y a, en apparence du moins, aucune des causes qu'invoque le critique pour justifier de son admiration ou de son indifférence et dont la valeur, la beauté, la puissance expressive sont évidentes, indiscutables.

C'est que ces exemples renferment évidemment des beautés que nous n'avons pas encore analysées, que nous n'analyserons peut-être jamais, des beautés dont nous saisissons le sens, sans pouvoir expliquer notre émotion.

Ainsi donc quand nous-mêmes nous signalerons des qualités de vérité de déclamation, de lyrisme, d'originalité, de richesse d'harmonie, de grâce mélodique, etc., nous n'aurons d'autre but que d'aider l'auditeur à saisir le charme et l'expression juste d'une œuvre musicale, d'autre but en un mot que de guider son attention dans le sens qui nous paraît le plus direct pour l'amener à saisir un effet, une expression ; on voit donc d'après tout ce qui précède que le meilleur critérium est l'impression que vous fait éprouver une œuvre, si toutefois l'on croit être arrivé, soit par une très grande éducation d'oreille et du sentiment esthétique musical, soit par un très grand nombre d'auditions de cette œuvre, à en pouvoir saisir toute la portée artistique.

Nous avons essayé de montrer comment toutes ces énumérations de qualités ne prouvaient point nécessairement la valeur d'une page musicale ; et comment ces qualités pouvaient être absentes là où cependant la beauté devient indiscutable ; mais il y a aussi des cas plus nombreux encore où toutes ces qualités paraissent réunies dans certaines pages pourtant faibles et parfois nulles d'expression et même d'effet. C'est qu'il manque évidemment à ces pages le je ne sais quoi qui fait les chefs-d'œuvre et qui consiste précisément dans cet ensemble de conditions qui échappent à l'analyse comme nous l'avons dit précédemment.

Ainsi donc, en vertu des théories précédentes, nous nous expliquons comment certaines œuvres que nous jugions d'abord très faibles, nous apparaissent maintenant sublimes. Peu à

peu, à force de réflexions et d'études sur nos impressions, sur l'évolution de notre goût personnel, à force d'écouter avec attention les œuvres
anciennes et modernes de toutes écoles et de tous
styles, (tenant compte aussi de tout ce dont nous
avons parlé dans les chapitres précédents : célébrité des œuvres, opinion des maîtres, etc.), et
après nous être passionné tour à tour pour les
chefs-d'œuvre les plus divers, après avoir admiré
sans limites et parfois trop exclusivement chacun des grands maîtres (et notamment Richard
Wagner non seulement comme musicien mais
aussi et surtout à cause de sa conception du
Drame lyrique) après avoir passé par toutes les
phases de l'opinion musicale, nous nous sommes
dégagé des préjugés d'Ecoles, de systèmes, et de
la funeste influence de l'esprit d'analyse technique qui d'après ce que nous avons expliqué peut
fausser notre jugement ; nous avons entendu suffisamment les œuvres nouvelles et anciennes
pour être dans le cas que nous avons mentionné,
c'est-à-dire aussi accoutumés aux formules nouvelles qu'à celles des vieux maîtres ; nous avons
enfin écouté religieusement certains opéras non
conformes aux exigences de l'esthétique et de
la technique modernes, sans parti-pris défavora-

ble, puisque nous considérons la critique comme infiniment plus limitée dans ses moyens d'investigation et d'analyse que ne l'est l'art lui-même dans sa puissance d'expression intuitive, et nous avons été émerveillés de trouver dans la réaudition d'œuvres sur lesquelles nous croyions être blasés, la source des émotions musicales les plus intenses.

Dès lors nous nous sommes fait un devoir d'essayer de réhabiliter dans l'estime, dans l'admiration de nos lecteurs ces immortels chefs-d'œuvre que l'on ne connaît pas suffisamment parce qu'on croit les connaître complètement avec les deux ou trois airs mal fredonnés, et rendus odieux par les milliers de pianistes qui les écorchent, chefs-d'œuvre qui demandent souvent un très grand nombre d'auditions, une oreille très exercée, et surtout un sentiment très délicat des choses de la musique pour être compris intégralement, et qu'on a bien rarement occasion d'entendre dans le cadre qui leur convient, c'est-à-dire dans un théâtre de dimensions assez restreintes, où l'on vibre, (comme dit Berlioz), chefs-d'œuvre aujourd'hui méconnus, délaissés avec injustice, mais qui n'en résistent pas moins à toutes les attaques, à toutes les tenta-

tives de désorientation de l'art, et qui, en résumé, sont encore aujourd'hui, et pour longtemps
peut-être, après les incomparables partitions
de Mozart, la plus charmante expression de
l'idée musicale au théâtre : Nous citerons de
préférence le *Barbier*, le *Pré-aux-Clercs,* et
les deux premiers actes de la *Dame Blanche*.

Les vers dits sur un accompagnement symphonique

A côté de la symphonie proprement dite et de la musique dramatique, il y a le *Ballet* qui tient à la fois des deux en ce sens qu'il n'y a pas de chant pour lier *intimement* la musique au sujet dramatique, mais qu'il y a une action précise, déterminée, ce qui nous fait préférer cette forme d'art à la symphonie et la considérer comme inférieure au drame chanté ; mais il y a aussi les vers dits sur la musique ; nous parlons des vers déclamés et non psalmodiés. Or rien ne nous parait plus défectueux que cet assemblage ; le rythme des vers dits ne suivant pas, ne pouvant pas suivre le rythme de la partie symphonique, il s'en suit une cacophonie ou plutôt une cacorythmie qui sépare nécessairement les deux éléments, lesquels n'ont plus d'autre lien commun que le caractère général de la musique et celui de la poésie qui peuvent être le même (c'est bien le moins). Mais alors la musique passe à l'état de décor sonore, de simple bruissement analogue au vent dans les arbres, au murmure du ruisseau, au bruit des vagues sur le rivage, toutes choses fort poétiques à vrai dire mais qui n'ont rien à voir avec l'art musical. Il est en effet impossible de percevoir (nous ne disons pas *analyser*, l'analyse *consciente* n'entrant pour rien dans le plaisir musical) mais de percevoir les effets musicaux et de comprendre le sens des vers dits : si l'on écoute ceux-ci assez attentivement pour en comprendre le sens, il est impossible d'écouter la musique, on ne peut que l'entendre vaguement, pas plus qu'il n'est possible d'écouter un opéra si l'on entretient la conversation avec son voisin (cette conversation fût-elle dans le caractère de la musique). Et dans ce cas la musique passe, comme nous l'avons dit, à l'état de bruissement vague et que *n'importe quel murmure d'orchestre, à peu près dans le caractère de la poésie dite, remplacerait absolument, et même avantageusement.*

Autre chose est la parole chantée : ici rythme et inflexions de voix sont simultanés et communs aux vers et à la mélodie : il n'y a en pareil cas qu'une mélodie, en réalité, qu'un interprète : le chanteur, dont la voix et par conséquent aussi, les vers, les paroles, font partie intégrante de l'ensemble symphonique.

Enfin pour montrer la vanité évidente de cette forme d'art, il suffit de faire observer que les sons parlés qu'on ne dit jamais sur une même note, (ce qui à la rigueur s'expliquerait encore, la voix passant à l'état d'instrument *monotone* comme le tambour) mais qu'on déclame avec les inflexions de voix ordinaire des acteurs. de drame ou de comédie, empruntent leurs intonations à des gammes de commas et de fractions de commas qui ne peuvent évidemment pas s'harmoniser avec les sons de la partie musicale, qui appartiennent à des gammes formées. de tons et demi-tons.

D'ailleurs, à côté de toutes les explications. possibles, toujours forcément incomplètes, il y a ce fait indéniable : la fatigue qui résulte pour l'auditeur d'une pareille association d'éléments. qui se fusionneraient au contraire si bien dans la forme chantée, et qui sont présentés là sans. l'agent qui peut seul provoquer la combinaison, c'est-à-dire le *chant*.

Les éléments constitutifs de la musique abstraite

ON se préoccupe actuellement beaucoup trop de l'instrumentation et on néglige les éléments plus réellement musicaux, les éléments constitutifs de la musique abstraite, l'harmonie, la mélodie et le rythme. Cette attention accordée presque exclusivement à l'instrumentation a donné lieu à toutes les erreurs possibles et en particulier à des rapprochements aussi peu justifiés que ceux-ci : Berlioz-Wagner, Wagner et les compositeurs français de la jeune Ecole. Or Berlioz n'a guère de commun avec le maître allemand que le succès obtenu ces dernières années dans les grands concerts du dimanche à Paris et peut-être aussi quelques procédés d'instrumentation qui intéressent bien plutôt les professeurs spéciaux que les esthéticiens ; mais la contexture harmonique, qui est (nous avons essayé de l'expliquer) ce qu'il y a de plus

important dans une œuvre musicale, diffère essentiellement chez Berlioz et Wagner, (indépen-
demment des autres différences très marquées
qui séparent absolument ces deux maîtres).

Et bien, nous ne saurions trop le répéter, une
pastorale ne consiste pas dans un air quelconque
joué sur le hautbois, mais dans un air qui garde
son caractère pastoral, à quelque instrument
qu'il soit confié ; malheureusement le public qui
n'a pas la civilisation d'oreille suffisante, ne perçoit guère que les effets de rythme et de timbre
les plus grossiers, et peut-être çà et là quelques
dessins mélodiques qui ressemblent (sans qu'il
s'en doute) à un passage d'air connu ; il se trom-
pe donc souvent sur l'intensité d'expression
d'une œuvre, il ne songe pas qu'à ce compte-
là cinquante trombones jouant *Au clair de la
lune* dans un mouvement rapide, avec autant de
tambours et de trompettes, lui donneraient la
sensation d'une marche infiniment plus entraî-
nante, d'un hymne guerrier infiniment plus lyrique que la *Marseillaise* arrangée pour le simple
quatuor : 2 violons, alto, et violoncelle. Le public ne s'explique pas que le timbre et la multiplicité des sons servent de masque parfois à la
musique même, et que les pages de certaines

compositions modernes où il croit voir un dé-
chaînement de bravoure, une prodigieuse expression d'enthousiasme, sont au contraire bien
faibles, bien ternes, à côté de certaines pages
du *Don Juan* de Mozart pour ceux qui, ayant
l'oreille exercée et le sens esthétique suffisamment développé peuvent saisir les réelles beautés de la musique.

Le public ne perçoit pas non plus le charme
ineffable de quelques vieux opéras comiques aujourd hui délaissés et dont le succès n'est dû qu'à
la réputation de célébrité de l'œuvre (consécra-
tion par le temps (chap. précédent) et puis aussi à deux ou trois airs qu'on sait ou qu'on croit
savoir ; mais il se laisse prendre à tous ces effets
de sonorité pourtant si creux, si banals pour le
véritable artiste. Pourtant, si l'on admettait
réellement l'importance du timbre comme élément musical, il faudrait, pour être logique, re-
nier ou tout au moins considérer comme incomplètes, comme privées d'un moyen puissant
d'expression toutes les œuvres de musique abstraite, c'est-à dire celles où le timbre n'entre
pour rien, où le *la* est un *la* et non pas un *la* de
violon plutôt qu'un *la* de flûte ; il faudrait considérer comme inférieures les nombreuses com-

positions classiques qui sont pourtant des chefs-d'œuvres, bien qu'elles ne soient pas orchestrées, à commencer par les admirables sonates de Beethoven regardées pourtant comme supérieures ou au moins égales à ses symphonies, par de nombreux esthéticiens, et dont le charme et l'expression poétique atteignent au maximum d'intensité sans avoir jamais besoin du secours des timbres.

Musiciens et librettistes

SOUS prétexte que la musique d'un opéra
doit être dans le caractère qui convient au
sujet, beaucoup de dilettanti s'imaginent
qu'il est impossible de composer une musique
sublime sur un livret quelque peu terre-à-terre
où les personnages ne sont ni des héros histori-
ques, ni des dieux, mais par exemple des pay-
sans animés de sentiments plus ou moins vulgaires. Ils se refusent à considérer de telles œuvres comme appartenant à l'art le plus élevé :
car, se disent-ils, si la musique en est véritable-
ment sublime en soi, elle ne peut être à la fois
dans le caractère du livret, et par conséquent
elle est défectueuse ; si au contraire la musique
est en rapport avec le livret, par cela même
elle doit être d'un style relativement moins élevé et d'un art inférieur. Rien n'est plus faux
que ce raisonnement. Il faudrait en conclure en
effet que Mozart, par exemple, sur le livret des

Noces de Figaro de Beaumarchais ne pouvait
être que gracieux, spirituel, avec une légère
pointe de poésie et d'élégance ; alors que d'un
bout à l'autre de cet opéra la musique est absolument juste d'expression, absolument dans le
caractère de la pièce, et pourtant sublime, sublime dans ses moindres détails, d'une noblesse et
d'une distinction de style incomparables. C'est
que la valeur esthétique de la musique peut
augmenter indéfiniment avec le génie du compositeur tout en restant dans un même caractère ; ainsi deux versions musicales d'une même
scène de comédie ou d'une même poésie pour-
ront être également dans le caractère et dans le
sentiment voulus, l'une appartenant au style le
plus élevé et l'autre paraissant au contraire vul-
gaire ; en deux mots, cela revient à dire qu'un
musicien de génie pourra faire chanter un valet
de comédie, un paysan ou un soudard d'opéra
comique en observant le caractère, le sentiment,
l'expression, qui conviennent à ces personnages vulgaires, et cela sur une musique du
plus haut style alors qu'un compositeur médiocre peut également donner l'expression
juste, trouver l'accent, la phrase qui convient
au caractère noble et grand d'un héros mytho-

logique, d'une déesse, et ne montrer aucun génie, aucun style.

Maintenant empressons nous de dire que ce
qui justifie cette théorie d'après laquelle Mozart ou tel maître de génie eût pu faire une œuvre sublime sur le livret le plus ordinaire,
c'est que précisément l'esprit même de la musique, le génie particulier de cet art diffère si
essentiellement de celui de l'œuvre littéraire, ou
plutôt son domaine est si différent de celui des
idées qui se rattachent au caractère plus ou
moins noble d'une comédie ou d'un drame, que
le livret et la musique s'élèvent dans des direc-
tions tout-à-fait différentes, et que de plus, par
sa souplesse, par la nature même de son génie,
la musique peut atteindre aux plus hautes cîmes
tout en restant dans le domaine que lui impo-
sent le caractère et l'expression du sujet.

TABLE

Annonay. — Imp. J. ROYER.

BIBLIOTHÈQUE
ARTISTIQUE ET LITTÉRAIRE
31, RUE BONAPARTE, PARIS

HENRY BECQUE. — *Souvenirs d'un auteur dramatique*, 1 volume. .... 5 »
CH. COURTRY. — *Boutet embêté par Courtry*, vol. d'am. avec ill............... 7.50
JEAN CARRÈRE. — *Premières Poésies* complètes.......................... 3 »
FERNAND CLERGET. — *Les Tourmentes*, poésies, portrait de l'auteur par R. Lotthé. 3 »
DAUPHIN-MEUNIER. — *Bréviaire pour mes dames*, poésies...................... 3.50
ÉDOUARD DUBUS. — *Quand les Violons sont partis*, poésies, portrait par Maurice
    Baud, Japon 20 fr., simili-hollande................................ 3 »
LOUIS DUMUR. — *Albert*, roman, portrait en phototypie, Jap. 20 fr., s.-hol...... 3 »
LÉON DUROCHER. — *La Marmite enchantée*, coméd. 1 acte, en vers............ 1 »
ALFRED GAUCHE. — *Au Seuil des Paradis*, eau-f. de Griveau, form. album, s.-hol. 3 »
ANDRÉ IBELS. — *Chansons Colorées*, couv. en lithog. de H.-G. Ibels, Jap. 6fr., s-hol 2 »
JEAN JULLIEN. — *La Vie sans lutte*, port. par Maximilien Luce, Jap. 20 fr., s.-hol. 3 »
PIERRE LAMARCHE. — *Cousins et Cousines*, roman, illust. de Grasset, etc...... 3.50
MADELEINE LÉPINE. — *La Bien-Aimée*, poésies, préf. de Léon Deschamps, s.-hol. 3 »
LÉON MAILLARD. — *La Lutte Idéale* préf. d'Aurélien Scholl, cent portraits...... 2 »
STÉPHANE MALLARMÉ. — *Laurent Tailhade* (préf. à l'album de Cazals)........... 3.50
J. DE MARTHOLD. — *La Grande Blonde*, 1 acte, en prose, int. par la Censure, s.-hol. 1.50
JEAN MORÉAS. — *Eriphyle*, poème, Jap. 10 fr., Chine 8 fr., Wath. 7 fr., s.-hol.. 3 »
MATHIAS MORHARDT. — *Hénor*, poème,..................... 3.50
—   —   *Le Livre de Marguerite*, poème,.......................... 5 »
OUVREUSE DU CIRQUE D'ETÉ (L'). — *Rythmes et Rires*, critiques musicales...... 3.50
MAURICE DU PLESSYS. — *Etudes Lyriques*............................ 3.50
ERNEST RAYNAUD. — *Les Cornes du Faune*, port. en phototypie, Jap. 20 fr., s.-hol. 3 »
—   —   *Le Bocage*, poésies 3 50
HUGUES REBELL. — *Union des trois Aristocraties*, etude sociale................ 2 »
PAUL REDONNEL. — *Chansons Eternelles*, poèmes, prose et vers, in-8o.......... 3.50
FÉLIX RÉGAMEY. — *Le Cahier rose de Mme Chrysanthème*, ex. à 20 f., 15 f., 10 f., et 3 »
ADRIEN REMACLE. — *La Passante*, roman d'une âme, frontispice de Odilon Redon. 3 »
JACQUES RENAUD. — *Le Fî Balouët*, nouvelles (très rare) Jap. 20 fr., sim. hol.... 3 »
ADOLPHE RETTÉ. — *Thulé des Brumes*, légende, eau-forte de H.-E. Meyer..... 3 »
—   —   *Paradoxe sur l'Amour*........................ 2 »
—   —   *L'Archipel en fleurs*, poésies, in-16 jésus.................. 3 50
—   —   *Similitudes*, dialogues anarchistes, prose.................. 3.50
—   —   *La Forêt bruissante*, poèmes........................ 3.50
LÉON RIOTOR. — *Le Pêcheur d'Anguilles*, poème philos. front. de G. de Feure..... 2 »
CHARLES DE ROUVRE. — *Après Amour*, roman..................... 3 50
ACHILLE SEGARD. — *Hymnes Profanes*, poésies, papier simili-hollande.......... 3 »
E. SIGNORET. — *Daphné*, poèmes, port. par Alex. Séon, ex. à 20 fr., 12 fr. et... 3 50
LAURENT TAILHADE. — *Au Pays du Mufle*, éd. complète, préf. d'A. Silvestre, 5 »
RAYMOND DE LA TAILHÈDE. — *De la Métamorphose des Fontaines*, poèmes........ 4 »
PAUL VERLAINE. — *Dédicaces* (épuisé) *Epigrammes*, ex. à 20 fr., 10 fr. et....... 3 50
PAUL VÉROLA. — *Les Baisers Morts*, poésies, front. de Félicien Rops, sim.-hol... 3 »
—   —   *Horizons*, poésies, port. héliog................... 3 50
—   —   *L'Ecole de l'Idéal*, 3 actes, en vers..................... 3 »
WILLIAM VOGT. — *L'Altière Confession*, proses, frontispice de Marcelin Desboutin. 3 »

IMPRIMERIE J. ROYER A ANNONAY (ARDÈCHE).